Volker Ufertinger

Warum feiern wir Weihnachten?

MENS DANCE
8·7·04
GeTY
Ma-Fr 8-6

Volker Ufertinger

Warum feiern wir Weihnachten?

Mit Illustrationen von
Klaus Ensikat

Deutsche Verlags-Anstalt
München

Weihnachten: Das fremde Fest

Alle Welt kennt Weihnachten. Es gibt keinen Kontinent, auf dem das Fest nicht zu Hause wäre. Und nicht nur die etwa zwei Milliarden Christen auf dem Globus feiern den Tag der Geburt von Jesus. Viele der anderen vier Milliarden Menschen nehmen Teil an dem schönen Glauben, dass die Welt erlöst ist.

Doch Weihnachten ist nicht nur allgemein bekannt, sondern auch beliebt. Die Tage im Dezember bilden so etwas wie eine fünfte Jahreszeit im Kalender, der nicht nur die Kinder entgegenfiebern, sondern auch die Erwachsenen. Da kommen Verwandte zusammen, die sich teilweise das ganze Jahr über nicht sehen. Dann wird lecker gegessen, oft nach ganz bestimmten Ritualen – und dann liegen die Geschenke unter dem leuchtenden Baum. Weihnachten ist eben nicht nur ein Familienfest, sondern auch das Fest der Liebe.

Und auch sonst scheint über Weihnachten alles klar zu sein. Schließlich hören Groß und Klein Jahr für Jahr den Anfang der Weihnachtsgeschichte aus dem Evangelium von Lukas:

In jenen Tagen erließ Kaiser Augustus den Befehl, alle Bewohner des Reiches in Steuerlisten einzutragen. Dies geschah zum ersten Mal; damals war Quirinus Statthalter von Syrien. Da ging jeder in seine Stadt, um sich eintragen zu lassen. So zog auch Josef von Galiläa hinauf nach Judäa in die Stadt Davids, die Bethlehem heißt; denn er war aus dem Haus und Geschlecht Davids. Er wollte sich eintragen lassen mit Maria, seiner Verlobten, die ein Kind erwartete. Als sie dort waren, kam für Maria die Zeit ihrer

Niederkunft, und sie gebar ihren Sohn, den Erstgeborenen. Sie wickelte ihn in Windeln und legte ihn in eine Krippe, weil in der Herberge kein Platz für sie war.

Doch so selbstverständlich uns Weihnachten scheint, so fremd ist es in Wirklichkeit. Stimmt es denn Wort für Wort, was Lukas da geschrieben hat? Wer weiß schon, warum wir ausgerechnet am 25. Dezember feiern? Und wer kann Antwort darauf geben, warum die Geschenke ausgerechnet unter einem Tannenbaum liegen? Eigentlich wissen wir wenig über das Fest, das uns so am Herzen liegt. Zu wenig für etwas, das wir lieben. Deswegen ist dieses kleine Buch geschrieben worden.

Warum feiern wir den Geburtstag von Jesus?

Eigentlich liegt die Sache ganz einfach: Weihnachten, das ist der Geburtstag von Jesus. Wie jeder andere Mensch ist er von einer Mutter zur Welt gebracht worden. Aber es gibt doch einen Unterschied. Denn er war nicht nur der Mensch Jesus, sondern mehr: der Sohn Gottes, ausersehen, die Welt von der Sünde zu erlösen. Auch dieser zweite Teil seiner Persönlichkeit verlangte einen Namen. Also nannten ihn seine frühen Anhänger »Christos«. Das ist Griechisch, die damalige Weltsprache, und heißt: Der Gesalbte, der Erlöser. Jesus Christus: Damit ist sein doppeltes Wesen genau bezeichnet.

Wir feiern also an Weihnachten das religiöse Fest der Menschwerdung Gottes in Jesus. Jedes Jahr am 25. Dezember wird nicht nur Jesus Christus, sondern das gesamte Christentum neu geboren. Auch im aufgeklärten, skeptischen Europa, wo der Glaube an Christus rapide schwindet, spielt das immer noch eine große Rolle. Für mehr als die Hälfte der Deutschen ist Weihnachten nach wie vor ein religiöses Fest – und die andere Hälfte begeht es immerhin als Familienfest.

Es ist leicht möglich, dass in der Menschwerdung Gottes der Grund für die große Beliebtheit des Festes zu suchen ist. Denn eigentlich ist Ostern viel wichtiger, der Erlösung wegen. Erst mit dem Tod am Kreuz überwindet Jesus das Böse in der Welt. Offiziell ist Ostern der Höhepunkt des Kirchenjahres. Aber das Martyrium, die Geißelung, die Auferstehung sind bereits das Werk des Christus in Jesus, des Gottessohnes, eine übermenschliche Wundertat. Davon sind wir Normalbürger so weit entfernt wie die Erde von der Sonne. Etwas Derartiges können wir nicht verstehen, sondern nur aus der Ferne anstaunen. Ganz anders Weihnachten. So wie wir in den Windeln gelegen haben, liegt auch Jesus in den Windeln. Das macht ihn menschlich, ja das arme Kind erregt unsere Fürsorge. An diesem Tag ist er einer von uns, aus Fleisch und Blut.

✧ ✧ ✧

Mevlid: Auch im Islam wird der Geburtstag des Religionsgründers gefeiert: Mevlid heißt der Tag, an dem Mohammed im Jahr 570 auf die Welt gekommen sein soll. Doch er wird lange nicht so festlich begangen wie Weihnachten bei uns. Ja, er ist nicht einmal ein richtig hoher Feiertag, sondern nur ein kleines Ritual.
In vielen Moscheen stehen Lichter, man erzählt sich Legenden aus Mohammeds Leben, und hinterher werden Rosen verteilt. Der geringere Aufwand erklärt sich leicht: Kein Muslim glaubt an Mohammed wie wir an Christus. Mohammed ist nicht der Erlöser, sondern lediglich als Prophet der Überbringer von Allahs Botschaft. Deswegen ist der Begriff Mohammedaner auch irreführend. Richtig ist: Muslime.

✧ ✧ ✧

An welchem Tag ist Jesus geboren?

Das scheint eine ganz einfache Frage zu sein. Natürlich am 25. Dezember! Wir wissen das so genau, weil wir den Tag immer schon am 25. Dezember gefeiert haben (auch wenn es in Deutschland, in Österreich und in der Schweiz die Geschenke schon am Vorabend gibt). Das hat sich durch Gewohnheit zur Gewissheit verfestigt. Aber wenn wir in die Evangelien schauen, dann müssen wir feststellen: Von einem 25. Dezember steht nirgends etwas geschrieben. Weder von Lukas noch von Matthäus wird das Datum genannt. Um es gleich zu sagen: Die Kirche hat sich bewusst für diesen Termin entschieden. Und zwar aus ganz bestimmten Gründen.

Der Monat Dezember ist der dunkelste im ganzen Jahr, und Lichtmangel hat den Menschen schon immer Angst gemacht. Ohne Licht keine Orientierung: Die Gegenstände lösen sich in der Dämmerung auf, und plötzlich sind sie weg, verschwunden im schwarzen Nichts. Ohne Licht kein Wachstum: Die Pflanzen führen eine kümmerliche Existenz und werden erst im nächsten Jahr wieder Früchte tragen. Ohne Licht gibt es kein Leben. Bis zu 17 Stunden herrscht Dunkel – aber ab dem 22. Dezember werden die Tage allmählich wieder länger und die Nächte kürzer. Deshalb ist in allen Kulturen der Tag der Sonnenwende gefeiert worden. Germanen, Kelten, Perser, Römer und überhaupt alle heidnischen Völker vereinigten sich in der Anbetung der Sonne. Damals, im Altertum, wechselte der Tag der Herrschaft zwischen Nacht und Tag am 25. Dezember. Heute ist es der 21. Dezember – wegen einer Kalenderreform, die im 16. Jahrhundert notwendig wurde.

Der Sonnenkult war auch gang und gäbe im Rom des 4. Jahrhunderts, als sich das Christentum rasant auszubreiten begann. Im Rückblick ist es kaum zu fassen, was damals geschah: Der Glaube von ein paar jüdischen Fischern ergriff ein ganzes Weltreich. Der Eifer weniger Missionare zog Hunderte, Tausende, Hunderttausende in seinen Bann. Die Dynamik des Christusglaubens schien keine Grenze zu kennen. Auch die römischen Kaiser sahen das schließlich ein und duldeten die Christen. Sie konnten gar nicht anders, als diesen Glauben anzuerkennen. Doch noch existierten Restspuren älterer Kulte. Es herrschte ein regelrechter Wettbewerb der Religionen.

Ein solcher Gott, dem die Römer allerhand zutrauten, hieß »Sol Invictus«. Erst seit wenigen Jahrzehnten huldigten ihm die Römer. Gleichwohl war der »unbesiegbare Sonnengott« (das bedeutet »Sol Invictus«) sehr beliebt. Sein Tag fiel auf den 25. Dezember, den Tag der Wintersonnenwende. Auch hinter der Verehrung von Sol steckte das elementare menschliche Bedürfnis nach Licht.

Sol war ein ernsthafter Konkurrent von Christus. Und genau in dieser Lage erwiesen sich die römischen Christen als äußerst geschickt. Als sie mit dem Gedanken zu spielen begannen, den Geburtstag von Jesus zum Feiertag zu machen, kamen sie auf die Idee, ihn auf diesen 25. Dezember zu legen. Das war bequem für Sol-Invictus-Anhänger, die zum Christentum wechselten: Sie brauchten den Termin nicht zu ändern, nur der Gegenstand der Verehrung hieß anders. Erstmals gefeiert wurde Weihnachten übrigens, soweit man heute weiß, im Jahr 354 in Rom.

Das war weit mehr als nur ein fauler Trick. Vielmehr deuteten die frühen Christen ihren Heiland als Lichtbringer, und zwar im geistigen Sinne. »Das Licht der Welt« wird Christus im Johannesevangelium genannt. Anschaulicher Beleg sind auch Mosaike, in denen Christus im Strahlenkranz und im Wagen des Sonnengottes dargestellt ist. Das sollte besagen: Der alte Sol Invictus hat ausgedient, der neue Sol Invictus heißt Jesus Christus.

Papst Liberius (Bischof von Rom zwischen 352 und 366): war entschlossen, die Geburt Jesu zu einem großen Ereignis des Kirchenjahres zu machen. Er stiftete während seiner Amtszeit die Kirche Santa Maria Maggiore auf dem römischen Hügel Esquilin, heute noch die größte Kirche nach dem Petersdom. Dort sollen im 8. Jahrhundert in einer Seitenkapelle die Überreste der originalen Krippe verehrt worden sein. Vor den angeblichen Überresten der Holzbretter, auf denen Jesus gelegen haben soll, haben die Päpste lange Zeit die Weihnachtsmesse abgehalten.

In welchem Jahr ist Jesus geboren?

Auch das ist so eine komische Frage. Schließlich zählen wir in unserer Zeitrechnung nach dem Jahr seiner Geburt. Jetzt beispielsweise befinden wir uns im Jahr 2004. Wir zählen zurück und kommen auf das Jahr Null. Aber: Das Jahr Null gibt es gar nicht! Es gibt nur ein Jahr vor und ein Jahr nach Christi Geburt. Und Christus kann ja wohl kaum im Jahr 1 *vor* oder im Jahr 1 *nach* seiner Geburt auf die Welt gekommen sein.

Um dieses Problem zu lösen, müssen wir ein klein wenig ausholen. Über das Leben von Jesus existieren schriftliche Hinweise: das Neue Testament. Von den vier Evangelien, die Zeugnis von Jesu Leben ablegen, beschreiben zwei die Umstände von seiner Ankunft in der Welt: das Evangelium von Matthäus und das von Lukas. Beide allerdings lassen sich nur sehr ungenau über den Zeitpunkt der Geburt aus. Stunde, Tag, Jahr oder Jahreszeit: Nichts davon findet sich bei ihnen.

Das wird den beiden niemand verübeln. Die beiden Schreiber sind im Dunkel der Geschichte nur umrisshaft zu erkennen, doch so viel steht fest: Sowohl Matthäus als auch Lukas schrieben ihre Frohen Botschaften (denn das heißt Evangelium) erst um 80 n. Chr. Was sie über den historischen Jesus wussten, kann nur durch Hörensagen zu ihnen gedrungen sein. Aber müsste sich der Zeitpunkt nicht doch wenigstens indirekt erschließen lassen? Die Volkszählung, der König Herodes, der Stern: das sind doch jede Menge Anhaltspunkte!

Tatsache ist: Die historischen Angaben, die in den Evangelien gemacht werden, passen schwer zusammen:

In jenen Tagen erließ Kaiser Augustus den Befehl, alle Bewohner des Reiches in Steuerlisten einzutragen. Dies geschah zum ersten Mal; damals war Quirinius Statthalter von Syrien. Bei dem Verwaltungsakt, den Lukas schildert, ging es nur um Syrien. Die Römer, die die Oberherrschaft hatten, veranlassten eine Steuerschätzung. Davon ist auch in Inschriften die Rede.

Organisiert hat diese Steuerschätzung ein gewisser Quirinus. Der ehemalige Konsul wurde im Jahr 6 n. Chr. mit der Aufgabe betraut. Doch das Datum passt nicht zu den Lebensdaten des Herodes, in dessen Tagen sich der Vorgang ereignet haben soll. Denn der grausame Herrscher starb bereits 4 v. Chr., also zehn Jahre vor der Schätzung.

Wenden wir uns also Hilfe suchend an Matthäus. Er schildert ein weiteres Detail, das Hoffnung auf eine zeitliche Einordnung macht: den Stern von Bethlehem. Jahrhunderte lang haben sich Astronomen und Himmelsforscher den Kopf darüber zerbrochen, wie die Himmelserscheinung zu erklären ist.

Bis Johannes Kepler, der große Astronom, des Rätsels Lösung fand. Am 17. Dezember des Jahres 1603 sah er eine so genannte Konjunktion: Jupiter und Saturn liefen, von der Erde aus betrachtet, eng zusammen und flackerten intensiv am Himmel. Der tief gläubige Gelehrte fühlte sich an den Stern von Bethlehem erinnert und errechnete, dass sich eine derartige Konjunktion alle 805 Jahre wiederholt. Also muss sie auch im Jahr 7 v. Chr. zu beobachten gewesen sein, und zwar gleich dreimal im Laufe des Jahres. Im Februar des Jahres 6 v. Chr. gesellte sich dann sogar noch der Mars hinzu, so dass sich am Firmament für die staunenden Erdenbürger ein flammendes Phänomen abgezeichnet hat.

Insgesamt haben wir es also mit drei verschiedenen Angaben zu tun: 6 nach Christus (die Steuerschätzung), 4 vor Christus (der Tod des Herodes) und 7 vor Christus (der Stern von Bethlehem). Die Evangelien lassen uns, was das Geburtsjahr Jesu angeht, im Stich.

✧ ✧ ✧

Tag und Stunde: Gerade Astronomen sind sich sicher, was das Geburtsdatum von Jesus betrifft. Für sie ist der Stern der stichhaltigste von allen Hinweisen in den Evangelien, und an den halten sie sich. So hat etwa der Innsbrucker Astronom Konradin Ferrari d'Occhieppo im Jahr 1991 behauptet, die Heiligen Drei Könige seien am 7. November des Jahres 7 v. Chr. gegen 20 Uhr im Stall eingetroffen.

✧ ✧ ✧

Wo ist Jesus geboren?

Auch der Geburtsort Bethlehem ist mindestens zweifelhaft. Heute gilt es als ausgemacht, dass Jesus nicht in Bethlehem, sondern in Nazareth auf die Welt kam. Aber Nazareth war kein Ort, der des Heilands würdig gewesen wäre.

Anlass zum Naserümpfen gab schon die Tatsache, dass der Ort im Alten Testament nicht erwähnt wird. Für die Juden, die sich in allem auf das Alte Testament beriefen, war das kein gutes Zeichen. Und die ganze Gegend von Galiläa (im Norden des Landes Palästina gelegen) flößte rechtgläubigen Juden Widerwillen ein, schließlich hatten sich seit Jahrhunderten viele Ungläubige dort niedergelassen. Die Herkunft aus einer heidnischen Region haben manche Jünger am Anfang auch als Makel empfunden. Als ein gewisser Philippus einem gewissen Natanael erzählt, er habe den Messias gefunden und er stamme aus Nazareth, stellt der die trockene Gegenfrage: »Kann aus Nazareth etwas Gutes kommen?«

Passend war da schon eher Bethlehem, zehn Kilometer südlich von Jerusalem gelegen. Dort nämlich war ein König zu Hause gewesen, der ziemlich genau 1000 Jahre vor Christi Geburt geherrscht hatte, und zwar so prachtvoll, dass er noch zur Zeitenwende die Fantasie seines Volkes beschäftigte: David, der Held mit der Steinschleuder und strahlender König über Israel. Seine anhänglichen Untertanen wünschten sich von Herzen, dass der erwartete Messias ebenfalls aus der Davidsstadt stammen möge. Ja die Propheten sagten das geradezu als Tatsache voraus.

Diese Prophezeiung, so behaupten nun Matthäus und Lukas, hat sich erfüllt. Nur darauf kommt es ihnen an. Alles andere ist nebensächlich. Das merkt man schon daran, dass sie zwei ganz verschiedene Anlässe nennen, um Jesus aus Nazareth nach Bethlehem zu verfrachten.

Bei Matthäus hatten Josef und Maria ihren festen Wohnsitz in Bethlehem, den sie erst nach der Geburt ihres Sohnes verlassen, um dem Kinder mordenden Herodes zu entgehen. Sie fliehen nach Ägypten und kehren nach dem Tod des grausamen Herrschers zurück. Da erst lassen sie sich als Verbannte in Nazareth nieder. Das ist die eine Version.

Auch bei Lukas gibt es einen durch die Politik ausgelösten Ortswechsel, aber genau in umgekehrter Richtung. Lukas lässt die Eltern Jesu vom Wohnort Nazareth in die Heimatstadt Bethlehem reisen, um dem Befehl Kaiser Augustus' zu folgen. So lautet die zweite Variante.

Natürlich lassen sich beide Erzählungen nicht vereinbaren. Aber das ist unwichtig. Hauptsache war und blieb, dass sich in Jesus als direktem Nachfahren Davids die Weissagungen erfüllen.

Hier sind wir an einem entscheidenden Punkt angelangt. Wir müssen zugeben, dass die Weihnachtsgeschichten (nicht die ganzen Evangelien) mit der wirklichen Geschichte nicht viel zu tun haben. Deshalb braucht man Lukas und Matthäus noch lange keine Verzerrung der Wahrheit vorzuwerfen. Sie wollten eben etwas ganz anderes als eine trockene Jesus-Biografie schreiben. Sie wollten ihn verklären, die Leute dazu bringen, an ihn zu glauben.

Dabei ist der Herkunftsort nur ein Detail von vielen. Auch der Stern von Bethlehem muss nicht unbedingt, wie Kepler es getan hat, wörtlich genommen werden. Denn die Himmelserscheinung ist bereits im Alten Testament so etwas wie ein Erkennungszeichen des herbeigesehnten großen Mannes: »Ich sehe ihn, doch nicht jetzt, ich schau' ihn, doch nicht nahe. Ein Stern geht auf.« (Numeri 24, 17)

Es ist also möglich, dass der Stern von Bethlehem nicht auf die Konjunktion von Jupiter und Saturn zurückgeht, sondern auf den Einfallsreichtum von Matthäus. Die – mögliche – Übereinstimmung mit Keplers Konjunktion könnte glatter Zufall sein. Zumal im Alten Testament auch schon auf Heiden angespielt wird, die diesem Stern folgen und dem Messias huldigen. »Völker ziehen zu deinem Licht und Könige zu dem Glanze, der dich überstrahlt« (Jesaia 60, 1–3).

Selbst den Kindermord könnte Matthäus sich um des frommen Zwecks willen ausgedacht haben. Jedenfalls wissen die Geschichtsprofessoren nichts davon, dass Herodes im großen Stil Kinder hat töten lassen. Sicher, Herodes war ein übler Monarch, aus Angst um seinen Thron brachte er drei seiner eigenen Kinder um. Aber dass er allen Kindern weit und breit nach dem Leben getrachtet hat, ist wohl falsch.

Eher soll diese vermeintliche Tatsache etwas über Jesus ausdrücken: Denn was ein großer, kommender König wird, muss als Kind einem Attentat entgangen sein. Das ist in vielen Herrscherchroniken unabdingbare Voraussetzung späterer Macht und fester Bestandteil der Nacherzählung. Etwa auch in der Biografie von

Augustus. Auch er soll als Kind mit knapper Not einen Anschlag überlebt haben. Also: Die Weihnachtsgeschichten, so schön sie sind, brauchen nicht Wort für Wort für die Wahrheit gehalten zu werden. Sie sind vielmehr eindrucksvolle Poesie von der Ankunft des Erlösers in einer erlösungsbedürftigen Welt.

✧ ✧ ✧

Caspar, Melchior und Balthasar: Woher kommen die Namen der Heiligen Drei Könige? Die Heiligen Drei Könige sind laut Bibelbericht weder heilig noch drei, noch Könige. Sie sind einfach Magier aus dem Morgenland. Alles andere sind fromme Hinzudichtungen, irgendwann aufgekommene Deutungen. So sagte zum Beispiel der Kirchenvater Tertullian, sie seien Könige gewesen, und diese Meinung setzte sich dann durch. Anders ist es mit den Namen Caspar, Melchior und Balthasar. Sie tauchten wiederum in einem Lebensbericht Jesu auf, der nicht im Neuen Testament steht. Im so genannten armenischen Kindheitsevangelium heißen die drei Gaspar, Melquon und Balthasar.

✧ ✧ ✧

Seit wann beginnt an Weihnachten unsere Zeitrechnung?

Dass mit Jesus Christus eine neue Zeit angebrochen ist, war seinen Jüngern bald klar. Aber dass deswegen auch eine neue Zeitrechnung nötig sein soll, fiel fast ein halbes Jahrtausend lang niemandem ein. Schließlich erwartete die Gemeinde die baldige Rückkunft des Herrn, das Reich Gottes. Dagegen war das Zählen von Tagen, Wochen und Jahren völlig belanglos. Erst als das von Christus verkündete Reich Gottes länger auf sich warten ließ, als anfänglich vermutet, drängte sich die Idee einer eigenen Zeitrechnung auf.

Der Mönch mit der zündenden Idee hieß Dionysius Exiguus, stammte aus der Gegend am Schwarzen Meer und verrichtete im 6. Jahrhundert in Rom Schreiberdienste. Insbesondere hatte er sich um die Ostertafeln zu kümmern. Das war keine leichte Aufgabe. Denn wann genau Ostern zu feiern ist, war ein endloser Streitpunkt in der jungen Kirche. Dionysius hatte also auf die Verbindlichkeit des Zeitpunkts für alle Christen und insofern auf die Einheit der Gläubigen zu achten.

Bis dahin war man allgemein daran gewöhnt, sich an der römischen Zeitrechnung zu orientieren, die auf die sagenhafte Gründung der Stadt durch Romulus zurückgeht. Natürlich interessierte es so manchen gelehrten Christen, wann innerhalb des römischen Kalenders der Heiland das Licht der Welt erblickt hatte.

Wer errechnen wollte, wie viele Jahre zwischen der sagenhaften Markierung der römischen Stadtgrenze und der Geburt von Jesus verflossen waren, hielt sich an das Lukasevangelium. Aber keineswegs an die Weihnachtsgeschichte, aus deren Chronologie man auch schon damals nicht recht schlau wurde, sondern an den Zeitpunkt der Taufe: Jesus soll im 15. Herrschaftsjahr des Kaisers Tiberius von Johannes getauft worden sein, und war zu diesem Zeitpunkt 30 Jahre alt.

Nun hat vermutlich auch diese Angabe nicht den Zweck, Jesus historisch einzuordnen, sondern ihn mit dem großen David in Verbindung zu bringen: Denn David war genau 30 Jahre alt, als er König wurde. Aber immerhin, Dionysius entschloss sich, genau diese Angabe für glaubwürdig zu halten. Und er zog seine Schlüsse daraus.

Nun war es für ihn kein Kunststück mehr herauszufinden, dass Christus im Jahr 753 nach römischer Zeitrechnung geboren worden sein muss. Dionysius selbst befand sich gemäß dem römischen Kalender im Jahr 1284. Wenn er von dieser Zahl 753 abzog, kam er auf das Jahr 531 nach Christus. Es lief also auf dasselbe hinaus zu sagen: 1284 nach der Gründung der Stadt Rom und 531 Jahre nach der Geburt Christi.

Nur war eben noch niemand auf die Idee gekommen, auch so zu zählen. Die Idee war ausgezeichnet. Aber trotzdem setzte sie sich nur ganz langsam durch. Selbst den römischen Päpsten, die ja guten Grund haben, sich auf Jesus zu berufen, wird sie erst im 10. Jahrhundert geläufig. Und offiziell anerkannt haben die Päpste die neue Chronologie gar erst im Jahr 1431.

Dass die neue Zeitrechnung auch auf die Zeit vor Christi Geburt ausgedehnt wird, ist gar erst eine Erfindung des 17. Jahrhunderts. Wieder war es ein Mann mit dem Namen Dionysius, der die Zeitrechnung revolutionierte. Nur war diesmal sein Beiname ein anderer: Dionysius Petavius. Er war ein Franzose (bürgerlich hieß er Denis Petain) und verfasste ein Lehrwerk über die Zeitenfolge.

Leider unterlief ihm ein folgenschwerer Fehler. Er vergaß, das unbedingt notwendige Jahr Null einzuführen, in dem Jesus geboren ist. Das heißt: Das Jahr 1 *nach* folgt unmittelbar dem Jahr 1 *vor* Christus. Die Folge: Der Erlöser ist ohne Geburtsjahr.

✧ ✧ ✧

Das Grab der Heiligen Drei Könige: Bis zu den ehrwürdigen Gebeinen der Menschen, die Jesus angeblich in der Krippe erblickt haben, wäre es für die Deutschen gar nicht weit: Sie liegen im Kölner Dom. Die Legende besagt, dass der Apostel Thomas sie in Indien getroffen und für den Glauben an Christus gewonnen haben soll. Ihre Gebeine kamen auf Umwegen von Konstantinopel über Mailand 1164 nach Köln. Seither war Köln ein bedeutender Wallfahrtsort und trägt die Krone im Wappen. Dass das wirklich die Gebeine der Heiligen Drei Könige sind, glaubt heute kaum mehr jemand.

✧ ✧ ✧

Weihnachten und Epiphanie

Weinachten wurde zum ersten Mal im Jahr 354 in Rom gefeiert, und zum Geburtstag Jesu bestimmte man in Unkenntnis des tatsächlichen Datums den Tag der Wintersonnenwende, den Festtag des heidnischen Gottes Sol Invictus.

Aber ganz so glatt ging die Einführung des Weihnachtsfestes leider doch nicht.

Denn die Daten von Feiertagen bildeten einen der größten Streitpunkte zwischen den Christen im Osten und denen im Westen. Zwischen beiden Parteien herrschten nicht nur sprachliche Schwierigkeiten (im Osten sprach man Griechisch, im Westen Latein). Es gab auch Rivalitäten, die immer wieder aufbrachen.

Etwa schon bei der Frage: Wann feiern wir Ostern? Darüber zankten sich die Bischöfe Jahrhunderte hindurch fast ununterbrochen. Die Christen in der westlichen Hälfte des Römischen Reiches behaupteten, der richtige Tag sei der Sonntag nach dem jüdischen Passah-Fest. In Konstantinopel hingegen, dem heutigen Istanbul, der Hauptstadt des östlichen Teils des Römischen Reiches, bestand man auf dem Tag des Passah-Festes selbst. Dieser Streit konnte erst im Jahr 325 geschlichtet werden. Auf einer ersten großen Versammlung, dem Konzil von Nizäa, einigte man sich auf den ersten Sonntag nach dem ersten Vollmond nach Frühlingsanfang (was übrigens auch heute noch gilt). Dieser Konflikt war also noch einmal gut ausgegangen.

Doch ein ähnlicher Streit wiederholte sich anlässlich des Weihnachtsfestes. Die Römer hatten sich, wie ge-

sagt, auf den 25. Dezember festgelegt. Anders die Oströmer. Sie feierten am 6. Januar. Auch sie hielten sich dabei an einen alten, vorchristlichen Brauch, bei dem es um die Geburt des neuen Jahres ging. Immer um Mitternacht vom 5. auf den 6. Januar feierte man in Alexandria in Ägypten die Geburt des Aion, des Gottes der Zeit. Die oströmischen Christen behaupteten nun, dieser Aion sei niemand anders als Christus, und gedachten bei ihrem Weihnachtsfest am 6. Januar auch noch der Anbetung der Weisen aus dem Morgenland. Sie nannten diesen Tag »Epiphanias«, was so viel bedeutet wie »die Erscheinung des Gottes«.

Natürlich war das ein unmöglicher Zustand. Wenn Menschen gleichen Glaubens das gleiche Fest an verschiedenen Tagen feiern, dann ist die Einheit der Kirche dahin. Und diese Einheit war gerade am Anfang enorm wichtig. Also waren die beiden Parteien gezwungen, einen Kompromiss zu finden.

Die Römer nahmen das Epiphaniefest in ihren Kalender auf, jedoch nicht die Geburt (es blieb beim 25. Dezember), sondern die Anbetung durch die Weisen aus dem Morgenland. Die Gläubigen des Ostens hingegen übernahmen den 25. Dezember als Festtag, beließen aber sonst alles beim Alten. Damit war der Streit beigelegt, Kaiser Theodosius verkündete im Jahr 381 in Konstantinopel den 25. Dezember als offiziell gültiges Datum.

Damit hatte Christus sozusagen zwei Geburtstage: Den 25. Dezember als Tag der körperlichen Geburt und den 6. Januar, an dem er auch als Gott erkannt wird, und zwar von den weit gereisten Weisen. Und die Christenheit hatte statt eines Festes nun zwei zu feiern. So ist es auch heute noch: Von Weihnachten bis Epiphanias schlingt sich ein geheimes Band, jeder spürt, dass die Feste zusammengehören. Das findet auch seinen öffentlichen Ausdruck: Zwischen Weihnachten und Epiphanias haben die Schulen und die Gerichte geschlossen. Nur in einem Teil der oströmischen Kirche, in Armenien, gilt heute noch der 6. Januar als der Tag der körperlichen Geburt Christi.

✧ ✧ ✧

Schisma: Die Trennung der beiden Kirchen war am Ende aber doch nicht zu verhindern. Seit 1054 gehen Ost und West in Glaubensdingen getrennte Wege. Damals exkommunizierten sich der römische Papst und der Patriarch von Rom gegenseitig. So entstand die römisch-katholische Kirche einerseits und die östlich-orthodoxe Kirche andererseits. Doch das war nur der Anfang: Der einheitliche christliche Glaube zerfiel immer weiter in Glaubensrichtungen.

✧ ✧ ✧

Wie Weihnachten nach Deutschland kam

Aber nur weil Weihnachten von nun an einen festen Termin hatte, war es noch längst nicht das große Weltfest von heute. Denn das Christentum war keineswegs überall willkommen. Die von Rom ausschwärmenden Missionare wurden nicht immer freundlich empfangen – um es vorsichtig auszudrücken.

Besonders hartnäckig verweigerten sich die Germanen dem neuen Glauben. Als der Heilige Bonifatius (zu Deutsch »der Wohltäter«) im 8. Jahrhundert hiesigen Boden betrat, um zu predigen und zu bekehren, hatte er es mit einem rauen Volk zu tun. Dessen größter Gott war Odin (= Wotan), der zwar alles wusste, für seine Allwissenheit aber auch ein Auge verpfändet hatte. Unheimlicherweise konnte er sich in sämtliche Kreaturen verwandeln, besonders in der Gestalt der Schlange und des Adlers gefiel er sich. Seine ständigen Begleiter waren Adler und Wolf.

Die Anhänglichkeit der Germanen an Odin und Co. war so ausgeprägt, dass sie die unerschrockenen Prediger in Germaniens dunklen Wäldern öfter zu Tode brachten. Auch Bonifatius, den man heute als Apostel der Deutschen verehrt, fiel dem religiösen Eifer unserer Ahnen zum Opfer: 754 wurde er zusammen mit 50 Begleitern von wütenden Friesen erschlagen.

So schwer sich der Christusglaube auch durchsetzte: Der Feiertag von der Wiederkunft des Lichts war den Germanen vertraut. Sie hatten längst vor der Ankunft der Missionare die Zeit gefeiert, wenn die Sonne wieder Kraft gewinnt. Sie nannten ihr Fest »Julfest« und begingen es möglicherweise mit einem großen Feuer und einem gemeinsamen Mahl.

Der Termin lag allerdings vermutlich erst im Februar. Das Wort Julfest blieb übrigens auch in der nachchristlichen Zeit für das Weihnachtsfest erhalten, in Skandinavien heißt es zum Teil bis heute so. Das sich später, so um 1200, einbürgernde Wort »Weihnachten« stammt aus dem Mittelhochdeutschen. Es bedeutet so viel wie »zu den geweihten Nächten«. Vermutlich beziehen sich die »geweihten Nächte« schon auf das christliche Fest, eine Anspielung auf das germanische Julfest ist allerdings nicht ausgeschlossen.

Aber Vorsicht! Oft kann man lesen, dass das Julfest unserem Weihnachtsfest sehr, sehr ähnlich gewesen wäre. Angeblich gab es schon Feiertage zwischen dem 24. Dezember und dem 6. Januar, die Frauen hätten schon Plätzchen gebacken, die Waffen hätten geruht, und auch der Tannenbaum sei schon gang und gäbe gewesen. Das sind ziemlich heikle Behauptungen, denn für die meisten dieser Annahmen gibt es nur die dürftigsten Belege.

Die Argumente dafür, dass alles schon so war, wie es heute ist, wackeln gehörig. Dass diese schwer belegbare Meinung sich überhaupt verbreiten konnte, liegt an der Zeit des Nationalsozialismus und der völkischen Ideologie. Das Weihnachtsfest als christliches Fest störte das Bild von der germanischen Herrenrasse und sollte ersetzt werden, und zwar durch die waghalsige Konstruktion eines altehrwürdigen Germanenbrauchs.

Was nicht passte, wurde passend gemacht. Übrigens in der Bevölkerung ohne rechten Erfolg: Das Weihnachtsfest blieb, was es war. Die Leute durchschauten den Zweck und beharrten auf ihren lieb gewordenen Bräuchen. Die Propaganda lief praktisch ins Leere. Nur in der Theorie haben sich manche Fantastereien von einem urwüchsig germanischen Weihnachtsfest gehalten.

✧ ✧ ✧

Was sollen Gold, Weihrauch und Myrrhe? Die drei Gaben der Heiligen Drei Könige sind symbolisch zu verstehen. Nur was sie symbolisieren, darüber gehen die Meinungen auseinander. Die einen sagen, die drei Symbole beziehen sich auf Jesus: Mit Gold ist die Königswürde Jesu anerkannt, mit Weihrauch wird Gott verherrlicht, und Myrrhe meint menschliche Sterblichkeit. Andere sagen, dass damit auf verschiedene positive Eigenschaften eines Königs angespielt wird: Gold meint Weisheit, Weihrauch Glaube und Gebet und Myrrhe die Tugend der Selbstbeherrschung.

✧ ✧ ✧

Der 24. Dezember als Gegenstand des Aberglaubens

Also: Der Geburtstag von Jesus ist der 25. Dezember. Aber der 24. spielte auch immer schon eine Rolle: Er diente der Vorbereitung auf den großen Tag. Um Mitternacht war die Mette, die große Messe angesetzt – aber davor gab es noch reichlich Gelegenheit, allen möglichen heidnischen Kulten zu huldigen, die sich zäh hielten und den Zweck hatten, ein schadloses neues Jahr zu beschwören.

An diesem Tag vor Jesu Geburt, so ging der Aberglaube, war ein Blick in die Zukunft möglich. Man war überzeugt, dass in dieser Nacht die Tiere im Stall in der menschlichen Sprache miteinander reden und kommendes Heil oder auch Unheil voraussagen.

Die Tiere, von deren Gesundheit und Gedeihen ja so viel für die Bauern abhing, waren sogar direkt in das Fest einbezogen: Kinder und Erwachsene erzählten den Kühen, Hunden und Katzen ganz ernsthaft davon, dass in dieser Nacht Jesus auf die Welt kommen wird. Dann ließ man sie am festlichen Schmaus teilnehmen, indem die Reste des Mahls unter den Tieren verteilt wurden.

Auch unter so manchem fruchtbarem Baum kamen Essensreste zu liegen, das sollte die Fruchtbarkeit der Pflanzen herbeizaubern. Und die Gedanken schweiften auch schon voraus auf die nächste Ernte: Auf dem Land schossen die Menschen mit Gewehren in die Wipfel der Obstbäume, damit diese reichlich Früchte tragen.

✧ ✧ ✧

Stall oder Höhle: Ist Jesus in einem Stall oder in einer Höhle geboren? Das war auch so eine Streitfrage zwischen Ost- und Westkirche. In den Evangelien wird der Ort nicht genau bezeichnet. Im Lukasevangelium steht aber anlässlich der Verkündigung über den Hirten das Wort presepio. »Ihr werdet ein Kind finden, das in Windeln gewickelt, in einer Krippe [presepio] liegt.« Presepio, das hieß nicht nur Krippe, also Futtertrog für die Tiere, sondern auch Stall – also entschied man sich in Rom für einen Stall als originale Szenerie.

Anders die Geistlichen in Konstantinopel. Sie vermuteten, es hätte sich um eine Höhle gehandelt. Ja so mancher war sich sogar sicher, welche Höhle bei Bethlehem es gewesen war, und traute sich zu, mit dem Finger darauf zu zeigen. So zum Beispiel Kirchenvater Origines, der behauptete, jeder Durchreisende kenne sie vom Sehen. Prompt ließ eine Kaiserin, Helena mit Namen, die Mutter von Kaiser Konstantin, 335 eine Kirche über dieser Höhle errichten.

✧ ✧ ✧

Wer ist der heilige Nikolaus?

Lange Zeit war der heilige Nikolaus überhaupt der Einzige, der Kindern Geschenke gebracht hat. So etwas wie Bescherung fand deshalb nicht am 24., sondern am 6. Dezember, dem Namenstag des Heiligen, statt. Manchmal kam er auch schon am Vorabend. Und die Geschenke fielen jahrhundertelang viel bescheidener aus als heute: Statt eines Handys gab es höchstens Äpfel und Nüsse.

Diesen Nikolaus, Patron der Kinder, hat es wirklich gegeben: Er lebte etwa von 270 bis 342, also kurz vor der Zeit, in der das Weihnachtsfest eingeführt wurde, und war Bischof in einer türkischen Stadt. Während der Christenverfolgung soll er so schwer gefoltert worden sein, dass er Jahre später an den Wunden starb.

Anfangs wurde Nikolaus vor allem in der oströmischen Kirche verehrt. Erst als italienische Seeleute die Gebeine nach Bari in Süditalien brachten, fand der Heilige auch im Westen Verehrer. Er war ein ziemlich begehrter Patron, denn über kaum jemanden wurden so viele Wunder berichtet wie über ihn.

Besonders gut hatte er es zu Lebzeiten mit den Kindern gemeint. Drei Schüler, die ein böser Wirt ermordet und in einem Fass eingepökelt hatte, erweckte er angeblich wieder vom Tode. Berühmt ist auch die Geschichte von den drei Mädchen, die völlig verarmt waren und nicht mehr wussten, wovon sie leben sollten. Still und unbemerkt warf Nikolaus laut der Sage je einen Beutel voller Goldstücke in die Zimmer der Mädchen, und das drei Nächte hintereinander.

Die guten Taten des Bischofs hatten Folgen. Und zwar die erfreulichsten für die Kinder in Europa. Immer am Vorabend zu seinem Namenstag stellten die Kinder dem Heiligen einen Schuh unter den Kamin. In der Nacht, hieß es, umkreise der Nikolaus die Welt, entweder mit dem Schiff oder mit dem Schlitten. In anderen Gegenden glaubte man, dass er sich an einem goldenen Seil vom Himmel herablasse, um den Kindern was in die Stiefel zu stecken.

Die Kinder ihrerseits suchten den großzügigen Himmelsbewohner milde zu stimmen, indem sie ihm ein Glas warme Milch hinstellten, und manchmal auch Möhren für die Pferde. Andere Kinder bekamen den heiligen Nikolaus sogar von Angesicht zu Angesicht zu sehen. Doch diesen Vorzug bezahlten sie damit, dass ihnen eindringlich ins Gewissen geredet wurde: Punkt für Punkt wurden die Unarten aufgezählt, wobei der Krampus (in anderen Gegenden Deutschlands heißt er Pelznickel, Hans Muff oder Knecht Ruprecht) bedrohlich die Rute schwang. Es war etwa so, wie es auch heute in katholischen Gegenden noch gang und gäbe ist.

Wie aus dem Nikolaus der Weihnachtsmann wurde

Aber dann kam Martin Luther. Man muss das so dramatisch ausdrücken, denn der Mönch aus Wittenberg revolutionierte nicht nur den Glauben, sondern auch das Weihnachtsfest. Martin Luther hatte eine forsche Art, Einspruch gegen Sachen zu erheben, die seinem Glauben zuwiderliefen.

Insbesondere die Heiligenverehrung war ihm ein Gräuel, und das drückte er immer wieder ziemlich derb aus. Nach seiner Ansicht verdiente nur Gott die Anbetung der Menschen, nicht aber Heilige. Sein Bann traf auch den heiligen Nikolaus.

Doch damit geriet das allseits beliebte Kinderfest in Gefahr. Mit dem Schenken einfach aufzuhören – das ging nicht, das bekam Luther bald zu spüren. Nun waren Kompromisse ja eigentlich nicht seine Stärke. Aber hier musste er den Kindern entgegenkommen.

Der Nikolaus hieß nicht mehr Nikolaus (der alte katholische Name sollte aus den Köpfen der Protestanten verschwinden), sondern er hieß nun: Herre Christ, und in anderen Gegenden irgendwann in der Folgezeit Weihnachtsmann.

Zweiter Teil des Kompromisses: Die Bescherung durfte auch nicht mehr am Nikolaustag stattfinden. Als Ersatztermin kam man auf den 24. Dezember . Seit Luthers rigorosem Vorgehen gegen den Nikolaus gibt es den Weihnachtsmann, und erst seit seiner Erfindung, also seit dem 16. Jahrhundert, fällt die Bescherung auf den Tag vor Weihnachten.

✧ ✧ ✧

Reformation: Eigentlich wollte Martin Luther ja gar keine Revolution, sondern eben nur eine Reform der katholischen Kirche. Das besagt der Ausdruck ja heute noch. Doch die Ereignisse seit der Veröffentlichung seiner 95 Thesen im Jahr 1517 in Wittenberg überrollten ihn und seine anfänglichen Vorstellungen.
Nur vier Jahre danach, 1521, wurde er exkommuniziert. Nicht zu überwinden war vor allem der Grundsatz Luthers, dass nur die Schrift, also die Bibel, zählt – und nicht die Tradition der Auslegung. Und auch die Autorität der Kirche zog er in Zweifel: Christus ist die alleinige Instanz über den Gläubigen – aber kein Pfarrer und kein Bischof.
Noch einmal zerbrach mit der Reformation der Glaube der Christen: Nun trennte sich die evangelische Kirche von der römisch-katholischen Kirche. Das heißt: Luther hat nicht nur in die Kinderwelt gravierend eingegriffen, indem er den heiligen Nikolaus abschaffte und durch das Duo Weihnachtsmann / Christkind ersetzte. Ohne ihn wäre die gesamte Weltgeschichte anders gelaufen.

✧ ✧ ✧

Wie der Weihnachtsmann zu seinem Aussehen kam

Heute ist der Weihnachtsmann in den Wochen, ja Monaten vor Weihnachten allgegenwärtig. Auf öffentlichen Plätzen klingelt er mit einer Glocke Kinder herbei. Als aufblasbare Riesenpuppe thront er in Elektrogeschäften. Und in Schokolade gegossen ist er sogar essbar. An dem Mann mit dem Rauschebart und dem roten Gewand kommt keiner vorbei.

Allerdings darf er nicht für sich in Anspruch nehmen, eine altehrwürdige Erscheinung zu sein. Im Gegenteil: Er selbst ist jung (seit Luther sind 400 Jahre vergangen), sein Name noch jünger und sein Aussehen allerjüngsten Datums.

Lange Zeit kümmerte sich kein Mensch darum, wie der Weihnachtsmann offiziell auszusehen hat. Mal tauchte er jung und schlank auf, in weißen Pelz gehüllt; dann wieder war er alt und dick, und sein Pelz war braun. Überliefert ist er auch als Mann mit Schlapphut und Pfeife. Wie der Weihnachtsmann aussieht, das blieb der Fantasie der Kinder überlassen (oder des jeweiligen Weihnachtsmann-Darstellers.

Fest stand nur, dass er mit seinem Schlitten durch den Himmel flog, durch die Schornsteine in die Wohnungen kam und flugs seine Geschenke ablegte. Die wichtigsten Merkmale seines Erscheinungsbildes führte erst ein deutsch-amerikanischer Zeichner mit dem Namen Thomas Nast ein.

Er arbeitete für die amerikanische Wochenzeitschrift »Harpers Weekly« und stellte den Gabenbringer (auf

Englisch: Santa Claus, hier taucht doch der heilige Nikolaus im Namen wieder auf) zum ersten Mal als weißbärtigen Onkel im roten Pelz dar. Das gefiel den Leuten, und es blieb dabei.

Keine 60 Jahre später legte ein schwedischer Zeichner letzte Hand an die Gestalt des Weihnachtsmanns: Der Schwede Haddon Sundblom bekam 1931 von der Firma Coca-Cola den Auftrag, den Weihnachtsmann so zu gestalten, dass er für die Rolle in einer Werbekampagne taugte. Dafür musste der Kinderfreund in rotweißen Pelz gekleidet sein. Das waren nämlich die offiziellen Farben der Weltfirma. Sogar den Gesichtsausdruck gaben die Chefs dem Künstler vor, indem sie ihm die Fotografie eines ehemaligen Verkäufers der Firma vorlegten. So, sagten sie, hat der Weihnachtsmann auszusehen. Und so sieht er immer noch aus.

Wer ist das Christkind?

Bei der Erfindung des Christkinds hatte Martin Luther ebenfalls die Hände im Spiel. Auch wenn man von selbst nicht auf den Gedanken käme: Der Mann mit dem Silberbart und das Kindchen mit der Krone auf dem Kopf sind gleich alt. Beide entstehen zur Zeit oder kurz nach Luther als Ersatzfiguren für den heiligen Nikolaus.

Die Doppelstrategie ist ja ganz verständlich: Um eine so beliebte Figur wie den spendierfreudigen Heiligen zu verdrängen, musste ein bisschen experimentiert werden. Und da verfielen eben Luther und seine Gefolgsmänner auf die Idee, zwei sehr verschiedene Figuren zu erfinden, die mit dem Nikolaus um die Gunst der Mernschen konkurrieren sollten.

Übrigens entsteht die Figur des Christkinds nicht aus dem Nichts. Auch sie hat eine Vorläuferin. So wie der Weihnachtsmann auf den Nikolaus, so geht das Christkind auf die heilige Luzia (die Leuchtende, Glänzende) zurück.

Die Märtyrerin war in Sizilien daheim und wurde um 300 n. Chr. ermordet. Sie war zwar einem Bräutigam versprochen, entschloss sich aber, um ihres Glaubens willen, Jungfrau zu bleiben. Der zornige Bräutigam zeigte sie beim Richter als Christin an, was ihren sicheren Tod bedeutete. Nach allen möglichen Martern bohrte ihr der Henker das Schwert durch die Brust.

Als Vorbild für das Christkind taugte sie jedoch wegen einer anderen Episode, die ihr großes Herz bewies: Das hübsche Mädchen soll Christen, die sich vor ihren Verfolgern versteckten, mit Nahrung versorgt haben. Damit sie beide Hände zum Tragen der Naturalien frei hatte, trug sie auf dem Kopf einen Kranz. Darauf waren Kerzen aufgesteckt, die ihr den Weg von einem Versteck zum nächsten erleuchteten.

Die Großzügigkeit hatte also auch bei ihr Programm, und die Reformatoren zögerten nicht lange: Sie steckten Luzia in ein weißes Kleid und bedeckten das Gesicht mit einem Schleier, der von einem goldenen Stirnband gehalten wird. Dazu bekam sie kleine Flügel und eine Krone auf den Kopf gesetzt, zum Zeichen, dass es sich bei ihr um ein höheres Wesen handelt.

Der Zweikampf zwischen Christkind und Weihnachtsmann um einen Platz in den Kinderherzen ging übrigens unentschieden aus. Der Weihnachtsmann setzte sich zwar in den lutherischen Gebieten durch. Aber die Katholiken nahmen das Christkind, obwohl es den heiligen Nikolaus ursprünglich vom Thron stürzen sollte, im Laufe des 19. Jahrhunderts mit offenen Armen auf.

Seither ist Deutschland zweigeteilt: Bis zur Mainlinie etwa sind die Kinder fest davon überzeugt, dass das Christkind mit einem schweren Sack auf dem Rücken durch den Himmel eilt, weiter im Norden glauben die Kleinen, den Weihnachtsmann auf seinem Schlitten durch die Lüfte sausen zu sehen.

Woher kommt der Weihnachtsbaum?

»Oh Tannenbaum, oh Tannenbaum, wie treu sind deine Blätter«, singen viele Familien alljährlich. Warum eigentlich treu? Das verraten die nächsten Verse: »Du grünst nicht nur zur Sommerzeit, nein auch im Winter, wenn es schneit.« Damit ist alles gesagt über die Gründe, warum der Tannenbaum in die deutschen Wohnzimmer Einzug gehalten hat: Er ist ein immergrüner Baum, der dem winterlichen Lichtmangel trotzt.

Christlich ist die Anbetung eines Naturphänomens jedenfalls nicht zu nennen. Und so erhoben schon in den ersten Jahrhunderten nach Christi Geburt manche Päpste Einspruch, wenn sich frühe Bekenner des Jesus-Glaubens in den dunklen Monaten einen immergrünen Lorbeerzweig ins Haus holten.

Doch die Verbote des Volksglaubens fruchteten nicht viel. Im Gegenteil: Es wurde gang und gäbe, solche Fichten-, Eiben- und Tannenzweige als Symbol im dunklen Dezember zu hegen und zu pflegen. In manchen Gegenden Deutschlands, etwa im Badischen, hing so ein Zweig sogar von der Decke. Er wurde genau da angebracht, wo die Balken zusammenliefen, um Segen für die Standfestigkeit des Hauses herbeizubitten.

Die ersten Weihnachtsbäume in unserem heutigen Sinn sind vermutlich um 1600 in Straßburg aufgestellt worden. Aus einem Zweig war ein ganzer Baum geworden, und dieser war noch dazu über und über mit Süßigkeiten und Äpfeln behängt. Die Kinder rüttelten kräftig daran, und die Süßigkeiten fielen ihnen direkt in die Hände.

Das wurde rasch Mode. Erst im Westen Deutschlands (so dass man mancherorts sogar das Fällen von Bäumen verbieten musste), dann in den protestantischen Gegenden. Dort wurden die immer größer werdenden Geschenke so um 1800 nicht mehr an die Zweige gehängt (das hätte sie geknickt), sondern unter die Tanne gelegt.

Dass es sich übrigens um einen Baum handeln muss, stand überhaupt nicht fest. In manchen Gegenden Deutschlands, etwa in Sachsen, versammelte sich die Familie um eine »Weihnachtspyramide«, ein dreieckiges Holzgerüst von der Form einer Pyramide mit verschiedenen, quer laufenden Stäben, auf deren Enden Kerzen Platz fanden.

Im 19. Jahrhundert trat der Weihnachtsbaum seinen Siegeszug um die Welt an. Durch deutschen Adel, der sich ins Ausland verheiratete, kam er in andere europäische Länder. Auch nach Amerika fand der Weihnachtsbaum seinen Weg: Deutsche Einwanderer stellten ihn zur Weihnachtszeit auf, 1891 eroberte er sich sogar einen Platz vor dem Weißen Haus.

Den größten Widerstand setzten die deutschen Katholiken dem Brauch entgegen. Sie hatten schließlich längst ihre Krippen, und das Aufstellen eines Baumes kam den Menschen im Süden unsinnig und sogar heidnisch vor.

Entweder Krippe oder Baum! Dazwischen verlief genau die Grenze der Konfessionen. Das änderte sich erst mit dem Krieg Deutschlands gegen Frankreich im Jahr 1870. Die Einigkeit darin, Deutsche zu sein, war größer als der Unterschied zwischen den Bekenntnissen: Also wurde der Weihnachtsbaum, der im Kriegsjahr in allen Soldatenquartieren stand, zu einem »echt deutschen« Symbol. Damit waren jedoch nicht alle Vorbehalte beseitigt. Tatsächlich ist es erst seit dem Zweiten Weltkrieg üblich, dass in katholischen Kirchen Tannen stehen.

✧ ✧ ✧

Adventskalender: Der Adventskalender ist jung – und stammt aus Schwaben. Anfang des 20. Jahrhunderts erinnerte sich der Druckereibesitzer Gerhard Lang aus Maulbronn während einer Geschäftsflaute, dass ihm seine Mutter immer vor Weihnachten einen Kalender gebastelt hatte: Ein Stück Karton mit 24 Kästchen, und auf jedes nähte sie ihrem Sprössling ein Plätzchen. Der erwachsene Lang ersetzte sie durch 24 bunte Bilder und stellte den Kalender industriell her. Kästchen zum Aufmachen hatte dieser Kalender noch nicht. Und reich wurde Lang mit seiner Geschäftsidee auch nicht: Er vergaß, sie sich patentieren zu lassen.

✧ ✧ ✧

Was bedeutet der Christbaumschmuck?

Mit dieser Frage treten wir endgültig in die Welt der Symbole ein. Hier bedeuten die Dinge mehr. Sie sind nicht nur sie selbst, sondern tragen Bedeutung. Etwa die Kerzen. Nach allem, was bis jetzt zu lesen war, wird es niemanden wundern, dass sie für Wachstum und Leben stehen. Schon die alten Germanen zündeten ihr Feuer in den dunklen Nächten an, um die Sonne und ihre Kraft zu beschwören. Nun ist das Feuer zu einer Kerze zusammengeschrumpft, aber es drückt immer noch dasselbe aus: Hoffnung auf neues Leben und Fruchtbarkeit.

Übrigens spielten Kerzen früher eine größere Rolle als heute. Vor der Erfindung der Elektrizität war es in den Nächten stockduster, und es muss wie eine Erlösung gewesen sein, in einen erleuchteten Raum zu kommen. Zur Auswahl standen Ölkerzen – aber sie warfen nur ein trübes Licht. Auch ein Gemisch von Pech und Harz leuchtete ersatzweise die Wohnung aus, nur entwickelte das immer gleichzeitig störenden Rauch. Der klare, helle, ungetrübte Schein einer Kerze allerdings kostete Geld, sehr viel Geld. Teilweise musste eine Familie ein ganzes Jahr darauf sparen. Man kann sich leicht vorstellen, dass für Erwachsene und Kinder der Lichterbaum mehr bedeutete als heute.

Auch die Äpfel, die in manchen Familien die Bäume zieren, sind mehr als eine beliebige Frucht. Eva hat Adam mit der Frucht der Erkenntnis verführt (was man später als Apfel deutete). Die Folge: Beide mussten aus dem Paradies verschwinden. So steht es im Alten Testament geschrieben. Aber die Verbannung war ja nicht endgültig. Jesus hat die Rückkehr möglich gemacht, und es ist tiefsinnig, dass der am Weihnachtsbaum hängende Apfel nun auch die Heimkehr ins Paradies bedeutet.

Von Anfang an übrigens haben die Menschen diese Äpfel verschönert und verziert. Sie polierten, färbten und vergoldeten die Sinnbilder für Jesu Wirken in der Welt. Die Äpfel sind auch die Vorläufer der bunten Glaskugeln: Vor gut 100 Jahren kamen thüringische Glasbläser auf die Idee, Kugeln aus Glas herzustellen. In allen Farben blitzten sie am Baum, bis heute spiegeln sie das Licht der Kerzen wider.

Nicht viel anders liegt der Fall bei den goldenen Nüssen. Auch sie enthalten neben dem süßen Kern eine verschlüsselte Erinnerung an Jesus. Zum ersten Mal hat Augustinus, ein berühmter Kirchenvater und eine der großen Autoritäten der jungen Kirche, das uralte Fruchtbarkeitssymbol mit Jesus in Verbindung gebracht.

Klug und geistreich, wie Augustinus war, gelang es ihm, alle drei Bestandteile der Frucht auf Jesus zu beziehen: Die grüne Hülle, die bitter schmeckt (man braucht sie wirklich nicht unbedingt zu probieren), erinnert an den bitteren Tod Christi; die Holzschale verweist auf das Kreuz, an das Jesus genagelt wurde; und die Frucht (aus der man früher vor allem Öl machte) spielt auf die höhere Natur Jesu an, auf das Licht, das er der Welt brachte – so wie sich Nussöl entflammen lässt. Kurz und gut: Der grüne Baum, das Kerzenlicht, Äpfel, Nüsse. Der Weihnachtsbaum ist nicht nur schön anzuschauen. Er ist geradezu eine Anhäufung von Symbolen.

✧ ✧ ✧

Lebkuchen / Pfefferkuchen: Lebkuchen stammt eigentlich aus Klöstern, wo er um 1300 zum ersten Mal produziert wurde aus Honig und dunklem Mehl. Im Laufe der Zeit kamen immer mehr exotische Gewürze wie Koriander (aus Marokko), Ingwer (aus Indien) und Zimt (aus Sri Lanka) in die Rezeptur hinein.
Weil man unter Pfeffer nicht nur Pfeffer, sondern alle exotischen Gewürze verstand, hießen die süßen Stücke bald auch Pfefferkuchen, die man sich wirklich nur »alle heiligen Zeiten« leisten konnte.

✧ ✧ ✧

Woher kommt der Krippenbrauch?

Die Gläubigen des Mittelalters müssen höchst ungeduldige Menschen gewesen sein. Ihnen reichte es nicht, die Weihnachtslegende zu lesen oder zu hören. Nein, sie wollten den Heiland mit eigenen Augen sehen, um ihm möglichst nahe zu sein.

Diesen dringlichen Wunsch der Volksfrömmigkeit erfüllte der heilige Franz von Assisi. Und wir wissen auch genau, wann und wie. Am 25. Dezember des Jahres 1223, drei Jahre vor seinem Tod, lud er die Menschen der Umgebung zur Mitternachtsmette in einen Wald bei Greccio ein.

Dort hatte er einen Altar errichten lassen, und gleich daneben die Szenerie von Bethlehem: Eine echte Futterkrippe mit einem aus Wachs geformten Jesuskind darin. Franz von Assisi, der angeblich mit den Tieren reden konnte, ließ auch einen echten Ochsen, einen Esel und mehrere Schafe herbeibringen. Josef und Maria wurden zwar nicht dargestellt, doch ein paar Anhänger von Franz mimten die Hirten. Er selbst, der schon schwer krank war, hielt unter Tränen eine Predigt über die Bettelhaftigkeit, mit der der arme König auf die Welt gelangt ist. Hunderte von Menschen standen betroffen still, ihre Lampen erleuchteten den düsteren Wald. Heute ist übrigens in Greccio ein riesiges Krippenmuseum ansässig, und die Partnerstadt heißt nicht zufällig: Bethlehem.

Mit dieser Mitternachtsmesse hatte Franz von Assisi eine Tradition gestiftet. Aber: Nicht jede Kirche, jedes Kloster konnte eine so realistische Weihnacht ins Werk setzen wie Franz. So wurden die lebendigen Figuren nach und nach durch hölzerne ersetzt.

Die Heilige Familie, die Hirten, die Weisen aus dem Morgenland wurden Jahr für Jahr neu modelliert und machten in Kirchen das Heilsgeschehen für jedermann anschaulich. Doch die Krippenkunst ging bald darüber hinaus: Nicht nur die Geburt Jesu, auch die Verkündigung, die Flucht nach Ägypten, ja sogar die Kreuzigung konnten Eingang finden.

Die Heimat der Krippe blieb Italien, vor allem Neapel. Von dort brachten die Jesuiten sie über die Alpen: 1562 ist die erste nördlich der Alpen belegt, und zwar in Prag. In manchen Städten standen die Krippen nicht nur da, um bewundert und angestaunt zu werden, sondern hatten noch einen ganz anderen Zweck: Die Reichen legten Opfergaben ab, die dann unter den Armen verteilt wurden.

Aber es gab auch Widerstand gegen die Krippen. Aufgeklärte Herrscher, die an die Vernunft glaubten, fühlten sich durch diesen angeblich rückständigen Brauch beleidigt. Die österreichische Kaiserin Maria Theresia etwa verbot ganze vier Mal während ihrer Regierungszeit (1740–1780) das Krippenwesen – vergeblich.

Die szenischen Darstellungen waren so beliebt und der Widerstand des Volkes gegen die Verbote so erbittert, dass sie immer wieder aufgehoben werden mussten. Die zwischenzeitlichen Bannsprüche hatten jedoch zur Folge, dass nun die Familien anfingen, sich ihre privaten Krippen zu basteln.

✧ ✧ ✧

Ochs und Esel: Nach Ochs und Esel fahndet man vergeblich in der Weihnachtsgeschichte. Aber warum gehören sie dann zur Grundausstattung jeder Krippe? Ganz einfach: Es gibt weitere Berichte, die von Jesu Leben erzählen, aber nicht in das Neue Testament aufgenommen wurden. Das sind die so genannten apokryphen (heimlich, zweifelhaft) Evangelien im Gegensatz zu den kanonischen (regelmäßig) von Markus, Matthäus, Lukas und Johannes. In einem davon, dem Pseudo-Matthäusevangelium aus dem 8. Jahrhundert, tauchen sie auf: »So beteten sogar die Tiere, Ochs und Esel, ihn ständig an, während sie ihn zwischen sich hatten.« Auch das hat übrigens seinen Hintergrund im Alten Testament: Der Prophet Jesaia fluchte über sein Volk: »Das Rind kennt seinen Besitzer und der Esel die Krippe seines Herrn. Israel erkennt nicht, mein Volk hat keine Einsicht.« (Jes. 1,2–3). Die Idee, dass die Tiere den Heiland erkennen, gefiel den Menschen so gut, dass von nun an Ochs und Esel immer mit von der Partie waren.

✧ ✧ ✧

Von wem stammt das bekannteste Weihnachtslied?

»Stille Nacht, heilige Nacht« ist in der ganzen Welt das bekannteste Weihnachtslied. Es war im Jahr 1818, da wurde es zum ersten Mal gesungen. Und wer in der Nikolauskirche in Oberndorf (in der Nähe von Salzburg) dabei war, glaubte sicher, er hätte es zum letzten Mal gehört. Das Lied war nämlich ganz auf die Schnelle improvisiert worden.

Die Orgel war ausgefallen, und Hilfspriester Josef Mohr fürchtete, dass er eine Christmette ohne Musik abhalten müsse. Das ging nicht – und so zog er ein Gedicht hervor, das er zwei Jahre zuvor geschrieben hatte. Er zeigte es Franz Xaver Gruber, der zu dieser Zeit als Lehrer im drei Kilometer entfernten Arnsdorf arbeitete und als Organist aushalf.

Innerhalb von ein paar Stunden entstand »Stille Nacht« für zwei Männerstimmen (Mohr war Tenor, Gruber Bass), eine Gitarre (Mohr spielte das Instrument) und Chor.

Dass sie damit etwas Bleibendes geschaffen haben könnten, kam ihnen offenbar nicht in den Sinn. Denn sieben Jahre später entdeckte der Orgelbauer Mauracher das Notenblatt, das achtlos irgendwo in der Kirche lag. Er hob es auf, gab es einer Tiroler Sängerfamilie, und die nahm es in ihr Repertoire auf.

Weil die Familie das Werk von Gruber als uraltes Tiroler Volkslied unter die Menschen brachte, fragte niemand nach den Autoren. Erst 1854 erkundigte sich die Königliche Hofkapelle sicherheitshalber in Salzburg – und siehe da: Der Komponist lebte noch und schrieb einen Bericht über die Entstehung.

Heute wird das Lied auf der ganzen Welt gesungen. In 300 Sprachen und Dialekte ist es übersetzt, es existieren 961 Bearbeitungen. Inzwischen ist es so eng mit dem Fest verwoben, dass man sagen kann: Ein Weihnachten ohne »Stille Nacht, heilige Nacht«, das ist kein richtiges Weihnachten.

✧ ✧ ✧

Gitarre oder Insektenfalle: Bei der Uraufführung von »Stille Nacht, Heilige Nacht« kam es vorab zu einer kleinen Irritation unter den Besuchern der Mitternachtsmesse: Denn keiner kannte eine Gitarre, die Joseph Mohr da mitgebracht hatte.
Das aus Spanien stammende Instrument war damals noch so unbekannt, dass die Oberndorfer es nicht einmal als Instrument erkannten. Für was sie es stattdessen hielten - das erzählt der Volkskundler Franz Magnus Böhme im 19. Jahrhundert: »Herr Mohr besaß eine schöne Gitarre, welche er auch besonders gut, mit vollem Ton zu spielen verstand. Die ländliche Bevölkerung, die nie ein solches Instrument gesehen haben mochte, hielt es anfänglich für eine Insektenfalle. Erst als sie die schönen Töne hörten, wurde es ihnen begreiflich, zu was das Ding gehörte.«

✧ ✧ ✧

Warum machen sich Erwachsene Geschenke?

Für viele ist Weihnachten gleichbedeutend mit Bescherung. Das gilt nicht nur für Kinder, sondern auch für Erwachsene. Ein Heiliger Abend ohne Präsente? Undenkbar! Aber für unsere Vorväter im Mittelalter wäre das Gegenteil absurd gewesen: Sich zu Weihnachten etwas zu schenken, war bis ins 19. Jahrhundert ganz unüblich.

Tatsächlich gab es einen Termin, zu dem Erwachsene Gaben tauschten – nämlich zu Neujahr. Das ging noch auf eine römische Tradition zurück. Die Christen übernahmen dies bereitwillig und drückten sich mit den besten Grüßen für das neue Jahr nett gemeinte Kleinigkeiten in die Hand.

Der Neujahrstag fiel aber im Mittelalter je nach Weltgegend auf ganz verschiedene Tage. In England war es der 25. März, in Konstantinopel der 1. September und in Deutschland – der 25. Dezember. Das heißt: Im Mittelalter machte man sich also wirklich am 25. De-

zember gegenseitig Geschenke. Aber nicht weil Weihnachten war, sondern wegen Neujahr.

Diese Tatsache verärgerte einen Papst. Eugen IV. (1431–1447) war das Relikt aus heidnischer Zeit ein Dorn im Auge. Also verfügte er: Wenn die Leute sich schon etwas schenken, dann doch wenigstens, weil Jesus geboren ist. Und aus keinem anderen Grund.

Dass Weihnachten und Neujahr an ein und demselben Tag gefeiert wurden, änderte sich übrigens bald nach dem strengen Eugen wieder: 1582 ließ ein Nachfolger, Gregor XIII., den Kalender reformieren. Damit fiel Neujahr von nun an auf den 1. Januar.

In all den folgenden Jahrhunderten blieben die Erwachsenen bei gegenseitigen Geschenken sparsam. Sicher, die Kinder bekamen Plätzchen, Nüsse, Äpfel. Aber dass sich Erwachsene zu Weihnachten mit Gaben eine kleine oder große Freude machen, wird erst im 19. Jahrhundert üblich.

Geschenke als Zeichen der Liebe zu tauschen, ist im Grunde eine bürgerliche Erfindung – und vorher war ein solches Fest ja auch kaum möglich. Waren die Familien bis dahin 20-köpfige Hausgenossenschaften in teilweise bitterer Armut, so ging es jetzt, in der so genannten bürgerlichen Kleinfamilie, nur noch um die nächsten Verwandten. Und die konnten dank eines gewissen Wohlstands leicht beschenkt werden.

Auch die Industrie fing an, eine entscheidende Rolle zu spielen: Plötzlich waren Fabriken in der Lage, in großen Mengen Süßigkeiten und Spielwaren herzustellen und sie noch dazu mittels Eisenbahn quer durch ganz Deutschland zu transportieren.

Weihnachten weltweit

Andere Länder, andere Sitten. Warum sollte da ausgerechnet Weihnachten eine Ausnahme bilden? Tatsächlich würden wir unser Fest in den Gebräuchen anderer Länder kaum wiedererkennen. Schon in Italien ist uns vieles fremd. Einen Christbaum findet man kaum irgendwo, lieber halten sich die Italiener an die Tradition des heiligen Franz und pflegen ihre Krippen.

Geschenke gibt es erst am 6. Januar. Und da kommt auch gar nicht der Weihnachtsmann als der Gabenbringer unserer Breitengrade, sondern eine Hexe mit dem Namen Befana: Sie ist hässlich, aber weise und sucht in jedem Haus nach dem neugeborenen Jesuskind. Wenn sie durch den Kamin fährt, hinterlässt sie das Geschenk in einem bereitgestellten Schuh. Weil aber die Zeit zwischen dem 24. Dezember und dem 6. Januar gar so lang ist, veranstalten die Eltern bereits am 24. eine Geschenklotterie, wobei jeder wenigstens schon mal ein kleines Präsent ziehen darf.

Für die Kinder in den Niederlanden ist der 24. Dezember überhaupt kein besonderes Datum: Für sie kommt immer noch am 6. Dezember der Sinterklaas, wie der heilige Nikolaus dort heißt, ganz so, wie es bei uns vor Luther war. Begleitet wird er vom Zwarten Piet (dem Schwarzen Peter).

Angeblich kommt er immer schon am letzten Samstag im November mit dem Schiff aus Spanien an, und das nutzen die Holländer in den Hafenstädten zu einem kleinen Volksfest: Sinterklaas verlässt das Schiff im roten Bischofsmantel, mit Bischofsmütze und weißen

Handschuhen, und die Menschen begrüßen ihn bei seiner Ankunft. In der Nacht auf den 6. Dezember reitet er mit seinem Gespann über die Dächer, füllt die Schuhe und hinterlässt daneben ein Gedicht, in dem immer die Wahrheit gesagt sein muss.

In Kenia hingegen ist der 24. Dezember als Festtag bekannt, aber sonst erinnert nur wenig an unsere Gebräuche. Hier bekommen die Kinder auch nichts geschenkt, sondern haben die Verantwortung für die Sauberkeit im Haus und die Dekoration. Familien, die es sich leisten können, schlachten an diesem Tag eine Ziege, deren Fleisch dann verteilt wird. Anschließend gehen die Kenianer von Haus zu Haus, wünschen den Nachbarn ein frohes Fest und tanzen bis in die Morgenstunden.

Am witzigsten geht es vielleicht in Australien zu: Da fällt der 24. Dezember mitten in die warmen Sommermonate. Also feiern die Australier draußen, am liebsten am Strand. Dort picknicken sie, und zwischen den Familien läuft der Weihnachtsmann hin und her, fordert zum Mitsingen der Weihnachtslieder auf und macht zwischendurch auch Späßchen. Für uns wäre das Ganze viel eher ein Sommerfest oder ein bunter Karneval. Zur unsentimentalen Art der Australier passt auch, dass die Weihnachtsbäume meistens aus Plastik oder Aluminium sind, auf denen bunte Lichterketten prangen oder falscher Schnee. Geschenke gibt es am Morgen des 25. – ebenfalls an der frischen Luft.

✧ ✧ ✧

Wer sind die Sternsinger? Die Heiligen Drei Könige begegnen uns Jahr für Jahr nicht nur als hölzerne Krippenfiguren, sondern auch lebendig: Kinder schlüpfen in ihre Gewänder und ziehen am 6. Januar von Haus zu Haus. In bestimmten katholischen Gegenden, etwa am Chiemsee, ist das seit vielen hundert Jahren Brauch. Sie sammeln für andere, Not leidende Kinder – so dass man heute mit Recht von den Sternsingern als einem regelrechten Hilfswerk von Kindern für Kinder spricht. An die Türen der Häuser schreiben sie mit Kreide CcThMcThB sowie die jeweilige Jahreszahl. Das bedeutet eigentlich: Christus mansionem benedicat (Gott schütze dieses Haus). Allerdings glauben bis heute viele, darin die ersten Buchstaben der Namen Caspar, Melchior und Balthasar zu erkennen.

✧ ✧ ✧

Süßer die Kassen nie klingeln

Man kann getrost behaupten: Weihnachten hat viele Freunde. Aber nicht nur. Das Fest in seiner heutigen Form zieht auch den Grimm erbitterter Feinde auf sich. Die Hektik, der Konsumrausch, das wird den Menschen auch schon mal zu viel. Und die Verächter melden sich zu Wort: Geistliche Würdenträger mahnen zu wahrer Besinnung und warnen vor der totalen Verweltlichung des Fests.

Es ist auffallend, wie vollständig ungehört die Ermahnungen zur inneren Einkehr verhallen. Das Fest gehorcht inzwischen den Gesetzen des Konsums. Ja, es ist geradezu eine Existenzfrage für die deutsche Wirtschaft geworden, wie viel die Deutschen für Geschenke auszugeben bereit sind.

Das weiß der Bundeskanzler und ermuntert die Deutschen mittels Neujahrsansprache zum Konsum. Das wissen die Medien und berichten in der Adventszeit beinahe täglich über Zufriedenheit oder auch Unzufriedenheit des Handels.

Dass der Sache so viel Bedeutung beigemessen wird, kommt nicht von ungefähr: Im Jahr 2002 haben die Deutschen sechs Milliarden Euro ausgegeben für Textilien, Elektro- und Haushaltsartikel. Das sind immerhin 180 Euro pro Haushalt, und das lässt in Zeiten schwacher Wirtschaft nur auf die Einstellung schließen: Wenn schon das ganze Jahr gespart werden muss, dann wollen wir uns wenigstens zu Weihnachten etwas gönnen.

Die Unterschiede zwischen den Branchen sind enorm. Die Klassiker, die jedes Jahr unter dem Christbaum liegen, heißen ja Spielwaren, Schmuck und Bücher. Und hier profitierte 2002 der Handel auch am allermeisten: bei Spielwaren macht das Weihnachtsgeschäft 36,7 Prozent der gesamten Einnahmen eines ganzen Jahres aus, bei Schmuck 30 und bei Büchern 26,2 Prozent.

Die Wünsche der Kinder hingegen zielen auf alles, was elektrisch ist: 50 von 100 Kindern zwischen sechs und zwölf Jahren möchten vom Weihnachtsmann ein Handy, 38 wollen einen PC, 30 haben Sehnsucht nach einem Computerspiel und 25 nach einem Internetanschluss. In diese Reihenfolge hat sich kein anderes Produkt hineindrängen können, von Fahrrädern, Rennbahnen oder Modellbaukästen liest man erst ganz hinten im Klassement der Sehnsüchte.

Die Wünsche haben sich eben geändert in den letzten Jahren. Genau wie das Weihnachtsfest selbst sich in den letzten 100, 500, 1000 Jahren gewandelt hat. Auch etwas scheinbar Unverrückbares wie unsere Weihnachtsbräuche hat sich erst ganz langsam ergeben. Und genau davon hat dieses Buch erzählt.

CASH REGISTER

Bibliografische Information Der Deutschen Bibliothek
Die Deutsche Bibliothek verzeichnet diese Publikation
in der Deutschen Nationalbibliografie; detaillierte bibliografische
Angaben sind im Internet über http://dnb.ddb.de abrufbar

Gestaltung und Satz: Verlagsservice Rau, München
Umschlaggestaltung: Berndt & Fischer, Berlin
Druck: Jütte-Messedruck GmbH, Leipzig
Bindung: Kunst- und Verlagsbuchbinderei, Leipzig
Printed in Germany

ISBN 3-421-05845-8